attitude

OF

gratitude

GRATITUDE
AND GOALS

"The unique spiral symbol is the universal maker of gratitude.
The infinite loop stands for lasting apreciation for life."

I know that life can sometimes be overwhelming and it's far too
easy to get caught up in the stress of every day, when we are
juggling family, relationships, business, and our horses.

That's why I created this quick and easy gratitude journal, because
I truly believe that if you take some time each day to focus on
the great things in your life you will be able to break any cycle of
negativity.

By keeping a gratitude journal, you will also allow yourself to focus
on the positive no matter how big or small, thus bringing more
positivity into your life.

There are so many things to be grateful for and yet we often fail to
see them. With this journal, you will be able to identify all the great
things happening in your life and be able to document them in an
easy and personalized way, while also setting your intentions and
goals for the day ahead.

Have fun, dream big and allow yourself to see the positive in
everything xx
Let's do this!

Get ready for 100 days of Gratitude!

Enjoy!

Alex Strobel

TODAY'S

GRATITUDE AND GOALS

DATE

WHAT ARE YOU GRATEFUL FOR TODAY?

1. _____
2. _____
3. _____

TODAY'S PERSONAL GOALS

1. _____
2. _____
3. _____

TODAY'S EQUESTRIAN GOALS

1. _____
2. _____
3. _____

TODAY I WILL FOCUS ON

1. _____
2. _____
3. _____

ACTIONS I WILL TAKE

TODAY'S AFFIRMATION:

TODAY'S

GRATITUDE AND GOALS

DATE

WHAT ARE YOU GRATEFUL FOR TODAY?

1. _____
2. _____
3. _____

TODAY'S PERSONAL GOALS

1. _____
2. _____
3. _____

TODAY'S EQUESTRIAN GOALS

1. _____
2. _____
3. _____

TODAY I WILL FOCUS ON

1. _____
2. _____
3. _____

ACTIONS I WILL TAKE

TODAY'S AFFIRMATION:

TODAY'S
GRATITUDE AND GOALS

DATE

WHAT ARE YOU GRATEFUL FOR TODAY?

1. _____
2. _____
3. _____

TODAY'S PERSONAL GOALS

1. _____
2. _____
3. _____

TODAY'S EQUESTRIAN GOALS

1. _____
2. _____
3. _____

TODAY I WILL FOCUS ON

1. _____
2. _____
3. _____

ACTIONS I WILL TAKE

TODAY'S AFFIRMATION:

TODAY'S
GRATITUDE AND GOALS

DATE

WHAT ARE YOU GRATEFUL FOR TODAY?

1. _____
2. _____
3. _____

TODAY'S PERSONAL GOALS

1. _____
2. _____
3. _____

TODAY'S EQUESTRIAN GOALS

1. _____
2. _____
3. _____

TODAY I WILL FOCUS ON

1. _____
2. _____
3. _____

ACTIONS I WILL TAKE

TODAY'S AFFIRMATION:

TODAY'S
GRATITUDE AND GOALS

DATE

WHAT ARE YOU GRATEFUL FOR TODAY?

1. _____
2. _____
3. _____

TODAY'S PERSONAL GOALS

1. _____
2. _____
3. _____

TODAY'S EQUESTRIAN GOALS

1. _____
2. _____
3. _____

TODAY I WILL FOCUS ON

1. _____
2. _____
3. _____

ACTIONS I WILL TAKE

TODAY'S AFFIRMATION:

TODAY'S
GRATITUDE AND GOALS

DATE

WHAT ARE YOU GRATEFUL FOR TODAY?

1. _____
2. _____
3. _____

TODAY'S PERSONAL GOALS

1. _____
2. _____
3. _____

TODAY'S EQUESTRIAN GOALS

1. _____
2. _____
3. _____

TODAY I WILL FOCUS ON

1. _____
2. _____
3. _____

ACTIONS I WILL TAKE

TODAY'S AFFIRMATION:

TODAY'S
GRATITUDE AND GOALS

WHAT ARE YOU GRATEFUL FOR TODAY?

1. _____
2. _____
3. _____

TODAY'S PERSONAL GOALS

1. _____
2. _____
3. _____

TODAY'S EQUESTRIAN GOALS

1. _____
2. _____
3. _____

TODAY I WILL FOCUS ON

1. _____
2. _____
3. _____

ACTIONS I WILL TAKE

TODAY'S AFFIRMATION:

WEEKLY CHECK-IN

*"Feeling gratitude and not expressing it is like wrapping a
present and not giving it." - William Arthur Ward*

HOW HAVE YOU BEEN AT ACCOMPLISHING YOUR GOALS THIS PAST WEEK?

1   2   3   4   5   6   7   8   9   10

WHAT WERE THE "HIGHS" AND "LOWS" OF THIS PAST WEEK?

HIGHS

LOWS

_ _ _ _ _ _ _ _ _ _ _ _ _ _   _ _ _ _ _ _ _ _ _ _ _ _ _ _
_ _ _ _ _ _ _ _ _ _ _ _ _ _   _ _ _ _ _ _ _ _ _ _ _ _ _ _
_ _ _ _ _ _ _ _ _ _ _ _ _ _   _ _ _ _ _ _ _ _ _ _ _ _ _ _
_ _ _ _ _ _ _ _ _ _ _ _ _ _   _ _ _ _ _ _ _ _ _ _ _ _ _ _
_ _ _ _ _ _ _ _ _ _ _ _ _ _   _ _ _ _ _ _ _ _ _ _ _ _ _ _
_ _ _ _ _ _ _ _ _ _ _ _ _ _   _ _ _ _ _ _ _ _ _ _ _ _ _ _
_ _ _ _ _ _ _ _ _ _ _ _ _ _   _ _ _ _ _ _ _ _ _ _ _ _ _ _
_ _ _ _ _ _ _ _ _ _ _ _ _ _   _ _ _ _ _ _ _ _ _ _ _ _ _ _
_ _ _ _ _ _ _ _ _ _ _ _ _ _   _ _ _ _ _ _ _ _ _ _ _ _ _ _

WHAT LESSONS DID YOU LEARN FROM THE "LOWS" OF THIS PAST WEEK?

_ _
_ _
_ _

TODAY'S
GRATITUDE AND GOALS

DATE

WHAT ARE YOU GRATEFUL FOR TODAY?

1. _____
2. _____
3. _____

TODAY'S PERSONAL GOALS

1. _____
2. _____
3. _____

TODAY'S EQUESTRIAN GOALS

1. _____
2. _____
3. _____

TODAY I WILL FOCUS ON

1. _____
2. _____
3. _____

ACTIONS I WILL TAKE

TODAY'S AFFIRMATION:

TODAY'S
GRATITUDE AND GOALS

DATE

WHAT ARE YOU GRATEFUL FOR TODAY?

1. _____
2. _____
3. _____

TODAY'S PERSONAL GOALS

ACTIONS I WILL TAKE

1. _____
2. _____
3. _____

TODAY'S EQUESTRIAN GOALS

1. _____
2. _____
3. _____

TODAY I WILL FOCUS ON

1. _____
2. _____
3. _____

TODAY'S AFFIRMATION:

TODAY'S
GRATITUDE AND GOALS

DATE

WHAT ARE YOU GRATEFUL FOR TODAY?

1. _____
2. _____
3. _____

TODAY'S PERSONAL GOALS

1. _____
2. _____
3. _____

TODAY'S EQUESTRIAN GOALS

1. _____
2. _____
3. _____

TODAY I WILL FOCUS ON

1. _____
2. _____
3. _____

ACTIONS I WILL TAKE

TODAY'S AFFIRMATION:

TODAY'S

GRATITUDE AND GOALS

DATE

WHAT ARE YOU GRATEFUL FOR TODAY?

1. _____
2. _____
3. _____

TODAY'S PERSONAL GOALS

1. _____
2. _____
3. _____

TODAY'S EQUESTRIAN GOALS

1. _____
2. _____
3. _____

TODAY I WILL FOCUS ON

1. _____
2. _____
3. _____

ACTIONS I WILL TAKE

TODAY'S AFFIRMATION:

TODAY'S
GRATITUDE AND GOALS

WHAT ARE YOU GRATEFUL FOR TODAY?

1. _____
2. _____
3. _____

TODAY'S PERSONAL GOALS

1. _____
2. _____
3. _____

TODAY'S EQUESTRIAN GOALS

1. _____
2. _____
3. _____

TODAY I WILL FOCUS ON

1. _____
2. _____
3. _____

ACTIONS I WILL TAKE

TODAY'S AFFIRMATION:

TODAY'S
GRATITUDE AND GOALS

DATE

WHAT ARE YOU GRATEFUL FOR TODAY?

1. _____
2. _____
3. _____

TODAY'S PERSONAL GOALS

1. _____
2. _____
3. _____

TODAY'S EQUESTRIAN GOALS

1. _____
2. _____
3. _____

TODAY I WILL FOCUS ON

1. _____
2. _____
3. _____

ACTIONS I WILL TAKE

TODAY'S AFFIRMATION:

TODAY'S
GRATITUDE AND GOALS

DATE

WHAT ARE YOU GRATEFUL FOR TODAY?

1. _____
2. _____
3. _____

TODAY'S PERSONAL GOALS

1. _____
2. _____
3. _____

TODAY'S EQUESTRIAN GOALS

1. _____
2. _____
3. _____

TODAY I WILL FOCUS ON

1. _____
2. _____
3. _____

ACTIONS I WILL TAKE

TODAY'S AFFIRMATION:

WEEKLY CHECK-IN

"Feeling gratitude and not expressing it is like wrapping a present and not giving it." - William Arthur Ward

HOW HAVE YOU BEEN AT ACCOMPLISHING YOUR GOALS THIS PAST WEEK?

1   2   3   4   5   6   7   8   9   10

WHAT WERE THE "HIGHS" AND "LOWS" OF THIS PAST WEEK?

HIGHS   LOWS

_ _ _ _ _ _ _ _ _ _ _ _ _ _ _   _ _ _ _ _ _ _ _ _ _ _ _ _ _ _
_ _ _ _ _ _ _ _ _ _ _ _ _ _ _   _ _ _ _ _ _ _ _ _ _ _ _ _ _ _
_ _ _ _ _ _ _ _ _ _ _ _ _ _ _   _ _ _ _ _ _ _ _ _ _ _ _ _ _ _
_ _ _ _ _ _ _ _ _ _ _ _ _ _ _   _ _ _ _ _ _ _ _ _ _ _ _ _ _ _
_ _ _ _ _ _ _ _ _ _ _ _ _ _ _   _ _ _ _ _ _ _ _ _ _ _ _ _ _ _
_ _ _ _ _ _ _ _ _ _ _ _ _ _ _   _ _ _ _ _ _ _ _ _ _ _ _ _ _ _
_ _ _ _ _ _ _ _ _ _ _ _ _ _ _   _ _ _ _ _ _ _ _ _ _ _ _ _ _ _
_ _ _ _ _ _ _ _ _ _ _ _ _ _ _   _ _ _ _ _ _ _ _ _ _ _ _ _ _ _
_ _ _ _ _ _ _ _ _ _ _ _ _ _ _   _ _ _ _ _ _ _ _ _ _ _ _ _ _ _

WHAT LESSONS DID YOU LEARN FROM THE "LOWS" OF THIS PAST WEEK?

_ _
_ _
_ _

TODAY'S
GRATITUDE AND GOALS

DATE

WHAT ARE YOU GRATEFUL FOR TODAY?

1. _____
2. _____
3. _____

TODAY'S PERSONAL GOALS

1. _____
2. _____
3. _____

TODAY'S EQUESTRIAN GOALS

1. _____
2. _____
3. _____

TODAY I WILL FOCUS ON

1. _____
2. _____
3. _____

ACTIONS I WILL TAKE

TODAY'S AFFIRMATION:

TODAY'S
GRATITUDE AND GOALS

DATE

WHAT ARE YOU GRATEFUL FOR TODAY?

1. _____
2. _____
3. _____

TODAY'S PERSONAL GOALS

1. _____
2. _____
3. _____

TODAY'S EQUESTRIAN GOALS

1. _____
2. _____
3. _____

TODAY I WILL FOCUS ON

1. _____
2. _____
3. _____

ACTIONS I WILL TAKE

TODAY'S AFFIRMATION:

TODAY'S
GRATITUDE AND GOALS

DATE

WHAT ARE YOU GRATEFUL FOR TODAY?

1. _____
2. _____
3. _____

TODAY'S PERSONAL GOALS

1. _____
2. _____
3. _____

TODAY'S EQUESTRIAN GOALS

1. _____
2. _____
3. _____

TODAY I WILL FOCUS ON

1. _____
2. _____
3. _____

ACTIONS I WILL TAKE

TODAY'S AFFIRMATION:

TODAY'S

GRATITUDE AND GOALS

DATE

WHAT ARE YOU GRATEFUL FOR TODAY?

1. _____
2. _____
3. _____

TODAY'S PERSONAL GOALS

1. _____
2. _____
3. _____

ACTIONS I WILL TAKE

TODAY'S EQUESTRIAN GOALS

1. _____
2. _____
3. _____

TODAY I WILL FOCUS ON

1. _____
2. _____
3. _____

TODAY'S AFFIRMATION:

TODAY'S
GRATITUDE AND GOALS

DATE

WHAT ARE YOU GRATEFUL FOR TODAY?

1. _____
2. _____
3. _____

TODAY'S PERSONAL GOALS

1. _____
2. _____
3. _____

TODAY'S EQUESTRIAN GOALS

1. _____
2. _____
3. _____

TODAY I WILL FOCUS ON

1. _____
2. _____
3. _____

ACTIONS I WILL TAKE

TODAY'S AFFIRMATION:

TODAY'S
GRATITUDE AND GOALS

DATE

WHAT ARE YOU GRATEFUL FOR TODAY?

1. _____
2. _____
3. _____

TODAY'S PERSONAL GOALS

1. _____
2. _____
3. _____

TODAY'S EQUESTRIAN GOALS

1. _____
2. _____
3. _____

TODAY I WILL FOCUS ON

1. _____
2. _____
3. _____

ACTIONS I WILL TAKE

TODAY'S AFFIRMATION:

TODAY'S
GRATITUDE AND GOALS

DATE

WHAT ARE YOU GRATEFUL FOR TODAY?

1. _____
2. _____
3. _____

TODAY'S PERSONAL GOALS

1. _____
2. _____
3. _____

TODAY'S EQUESTRIAN GOALS

1. _____
2. _____
3. _____

TODAY I WILL FOCUS ON

1. _____
2. _____
3. _____

ACTIONS I WILL TAKE

TODAY'S AFFIRMATION:

WEEKLY CHECK-IN

"Feeling gratitude and not expressing it is like wrapping a present and not giving it." - William Arthur Ward

HOW HAVE YOU BEEN AT ACCOMPLISHING YOUR GOALS THIS PAST WEEK?

1   2   3   4   5   6   7   8   9   10

WHAT WERE THE "HIGHS" AND "LOWS" OF THIS PAST WEEK?

HIGHS   LOWS

_ _ _ _ _ _ _ _ _ _ _ _ _ _   _ _ _ _ _ _ _ _ _ _ _ _ _ _
_ _ _ _ _ _ _ _ _ _ _ _ _ _   _ _ _ _ _ _ _ _ _ _ _ _ _ _
_ _ _ _ _ _ _ _ _ _ _ _ _ _   _ _ _ _ _ _ _ _ _ _ _ _ _ _
_ _ _ _ _ _ _ _ _ _ _ _ _ _   _ _ _ _ _ _ _ _ _ _ _ _ _ _
_ _ _ _ _ _ _ _ _ _ _ _ _ _   _ _ _ _ _ _ _ _ _ _ _ _ _ _
_ _ _ _ _ _ _ _ _ _ _ _ _ _   _ _ _ _ _ _ _ _ _ _ _ _ _ _
_ _ _ _ _ _ _ _ _ _ _ _ _ _   _ _ _ _ _ _ _ _ _ _ _ _ _ _
_ _ _ _ _ _ _ _ _ _ _ _ _ _   _ _ _ _ _ _ _ _ _ _ _ _ _ _
_ _ _ _ _ _ _ _ _ _ _ _ _   _ _ _ _ _ _ _ _ _ _ _ _ _ _

WHAT LESSONS DID YOU LEARN FROM THE "LOWS" OF THIS PAST WEEK?

_ _
_ _
_ _

TODAY'S
GRATITUDE AND GOALS

DATE

WHAT ARE YOU GRATEFUL FOR TODAY?

1. _____
2. _____
3. _____

TODAY'S PERSONAL GOALS

1. _____
2. _____
3. _____

TODAY'S EQUESTRIAN GOALS

1. _____
2. _____
3. _____

TODAY I WILL FOCUS ON

1. _____
2. _____
3. _____

ACTIONS I WILL TAKE

TODAY'S AFFIRMATION:

TODAY'S

GRATITUDE AND GOALS

DATE

WHAT ARE YOU GRATEFUL FOR TODAY?

1. _____
2. _____
3. _____

TODAY'S PERSONAL GOALS

1. _____
2. _____
3. _____

TODAY'S EQUESTRIAN GOALS

1. _____
2. _____
3. _____

TODAY I WILL FOCUS ON

1. _____
2. _____
3. _____

ACTIONS I WILL TAKE

TODAY'S AFFIRMATION:

TODAY'S
GRATITUDE AND GOALS

DATE

WHAT ARE YOU GRATEFUL FOR TODAY?

1. _____
2. _____
3. _____

TODAY'S PERSONAL GOALS

1. _____
2. _____
3. _____

TODAY'S EQUESTRIAN GOALS

1. _____
2. _____
3. _____

TODAY I WILL FOCUS ON

1. _____
2. _____
3. _____

ACTIONS I WILL TAKE

TODAY'S AFFIRMATION:

TODAY'S
GRATITUDE AND GOALS

DATE

WHAT ARE YOU GRATEFUL FOR TODAY?

1. _____
2. _____
3. _____

TODAY'S PERSONAL GOALS

1. _____
2. _____
3. _____

TODAY'S EQUESTRIAN GOALS

1. _____
2. _____
3. _____

TODAY I WILL FOCUS ON

1. _____
2. _____
3. _____

ACTIONS I WILL TAKE

TODAY'S AFFIRMATION:

TODAY'S
GRATITUDE AND GOALS

DATE

WHAT ARE YOU GRATEFUL FOR TODAY?

1. _____
2. _____
3. _____

TODAY'S PERSONAL GOALS

1. _____
2. _____
3. _____

TODAY'S EQUESTRIAN GOALS

1. _____
2. _____
3. _____

TODAY I WILL FOCUS ON

1. _____
2. _____
3. _____

ACTIONS I WILL TAKE

TODAY'S AFFIRMATION:

TODAY'S
GRATITUDE AND GOALS

DATE

WHAT ARE YOU GRATEFUL FOR TODAY?

1. _____
2. _____
3. _____

TODAY'S PERSONAL GOALS

1. _____
2. _____
3. _____

TODAY'S EQUESTRIAN GOALS

1. _____
2. _____
3. _____

TODAY I WILL FOCUS ON

1. _____
2. _____
3. _____

ACTIONS I WILL TAKE

TODAY'S AFFIRMATION:

TODAY'S
GRATITUDE AND GOALS

DATE

WHAT ARE YOU GRATEFUL FOR TODAY?

1. _____
2. _____
3. _____

TODAY'S PERSONAL GOALS

1. _____
2. _____
3. _____

TODAY'S EQUESTRIAN GOALS

1. _____
2. _____
3. _____

TODAY I WILL FOCUS ON

1. _____
2. _____
3. _____

ACTIONS I WILL TAKE

TODAY'S AFFIRMATION:

WEEKLY CHECK-IN

"Feeling gratitude and not expressing it is like wrapping a present and not giving it." - William Arthur Ward

HOW HAVE YOU BEEN AT ACCOMPLISHING YOUR GOALS THIS PAST WEEK?

1   2   3   4   5   6   7   8   9   10

WHAT WERE THE "HIGHS" AND "LOWS" OF THIS PAST WEEK?

HIGHS   LOWS

_ _ _ _ _ _ _ _ _ _ _ _ _ _   _ _ _ _ _ _ _ _ _ _ _ _ _ _
_ _ _ _ _ _ _ _ _ _ _ _ _ _   _ _ _ _ _ _ _ _ _ _ _ _ _ _
_ _ _ _ _ _ _ _ _ _ _ _ _ _   _ _ _ _ _ _ _ _ _ _ _ _ _ _
_ _ _ _ _ _ _ _ _ _ _ _ _ _   _ _ _ _ _ _ _ _ _ _ _ _ _ _
_ _ _ _ _ _ _ _ _ _ _ _ _ _   _ _ _ _ _ _ _ _ _ _ _ _ _ _
_ _ _ _ _ _ _ _ _ _ _ _ _ _   _ _ _ _ _ _ _ _ _ _ _ _ _ _
_ _ _ _ _ _ _ _ _ _ _ _ _ _   _ _ _ _ _ _ _ _ _ _ _ _ _ _
_ _ _ _ _ _ _ _ _ _ _ _ _ _   _ _ _ _ _ _ _ _ _ _ _ _ _ _
_ _ _ _ _ _ _ _ _ _ _ _ _ _   _ _ _ _ _ _ _ _ _ _ _ _ _ _

WHAT LESSONS DID YOU LEARN FROM THE "LOWS" OF THIS PAST WEEK?

_ _
_ _
_ _

TODAY'S
GRATITUDE AND GOALS

DATE

WHAT ARE YOU GRATEFUL FOR TODAY?

1. _____
2. _____
3. _____

TODAY'S PERSONAL GOALS

1. _____
2. _____
3. _____

TODAY'S EQUESTRIAN GOALS

1. _____
2. _____
3. _____

TODAY I WILL FOCUS ON

1. _____
2. _____
3. _____

ACTIONS I WILL TAKE

TODAY'S AFFIRMATION:

TODAY'S
GRATITUDE AND GOALS

DATE

WHAT ARE YOU GRATEFUL FOR TODAY?

1. _____
2. _____
3. _____

TODAY'S PERSONAL GOALS

1. _____
2. _____
3. _____

TODAY'S EQUESTRIAN GOALS

1. _____
2. _____
3. _____

TODAY I WILL FOCUS ON

1. _____
2. _____
3. _____

ACTIONS I WILL TAKE

TODAY'S AFFIRMATION:

TODAY'S
GRATITUDE AND GOALS

WHAT ARE YOU GRATEFUL FOR TODAY?

1. _____
2. _____
3. _____

TODAY'S PERSONAL GOALS

1. _____
2. _____
3. _____

ACTIONS I WILL TAKE

TODAY'S EQUESTRIAN GOALS

1. _____
2. _____
3. _____

TODAY I WILL FOCUS ON

1. _____
2. _____
3. _____

TODAY'S AFFIRMATION:

TODAY'S

GRATITUDE AND GOALS

DATE

WHAT ARE YOU GRATEFUL FOR TODAY?

1. _____
2. _____
3. _____

TODAY'S PERSONAL GOALS

1. _____
2. _____
3. _____

TODAY'S EQUESTRIAN GOALS

1. _____
2. _____
3. _____

TODAY I WILL FOCUS ON

1. _____
2. _____
3. _____

ACTIONS I WILL TAKE

TODAY'S AFFIRMATION:

TODAY'S

GRATITUDE AND GOALS

DATE

WHAT ARE YOU GRATEFUL FOR TODAY?

1. _____
2. _____
3. _____

TODAY'S PERSONAL GOALS

1. _____
2. _____
3. _____

TODAY'S EQUESTRIAN GOALS

1. _____
2. _____
3. _____

TODAY I WILL FOCUS ON

1. _____
2. _____
3. _____

ACTIONS I WILL TAKE

TODAY'S AFFIRMATION:

TODAY'S

GRATITUDE AND GOALS

DATE

WHAT ARE YOU GRATEFUL FOR TODAY?

1. _____
2. _____
3. _____

TODAY'S PERSONAL GOALS

1. _____
2. _____
3. _____

TODAY'S EQUESTRIAN GOALS

1. _____
2. _____
3. _____

TODAY I WILL FOCUS ON

1. _____
2. _____
3. _____

ACTIONS I WILL TAKE

TODAY'S AFFIRMATION:

TODAY'S
GRATITUDE AND GOALS

DATE

WHAT ARE YOU GRATEFUL FOR TODAY?

1. _____
2. _____
3. _____

TODAY'S PERSONAL GOALS

1. _____
2. _____
3. _____

TODAY'S EQUESTRIAN GOALS

1. _____
2. _____
3. _____

TODAY I WILL FOCUS ON

1. _____
2. _____
3. _____

ACTIONS I WILL TAKE

TODAY'S AFFIRMATION:

WEEKLY CHECK-IN

"Feeling gratitude and not expressing it is like wrapping a present and not giving it." - William Arthur Ward

HOW HAVE YOU BEEN AT ACCOMPLISHING YOUR GOALS THIS PAST WEEK?

1   2   3   4   5   6   7   8   9   10

WHAT WERE THE "HIGHS" AND "LOWS" OF THIS PAST WEEK?

HIGHS   LOWS

_ _ _ _ _ _ _ _ _ _ _ _ _ _ _   _ _ _ _ _ _ _ _ _ _ _ _ _ _ _
_ _ _ _ _ _ _ _ _ _ _ _ _ _ _   _ _ _ _ _ _ _ _ _ _ _ _ _ _ _
_ _ _ _ _ _ _ _ _ _ _ _ _ _ _   _ _ _ _ _ _ _ _ _ _ _ _ _ _ _
_ _ _ _ _ _ _ _ _ _ _ _ _ _ _   _ _ _ _ _ _ _ _ _ _ _ _ _ _ _
_ _ _ _ _ _ _ _ _ _ _ _ _ _ _   _ _ _ _ _ _ _ _ _ _ _ _ _ _ _
_ _ _ _ _ _ _ _ _ _ _ _ _ _ _   _ _ _ _ _ _ _ _ _ _ _ _ _ _ _
_ _ _ _ _ _ _ _ _ _ _ _ _ _ _   _ _ _ _ _ _ _ _ _ _ _ _ _ _ _
_ _ _ _ _ _ _ _ _ _ _ _ _ _ _   _ _ _ _ _ _ _ _ _ _ _ _ _ _ _
_ _ _ _ _ _ _ _ _ _ _ _ _ _ _   _ _ _ _ _ _ _ _ _ _ _ _ _ _ _

WHAT LESSONS DID YOU LEARN FROM THE "LOWS" OF THIS PAST WEEK?

_ _
_ _
_ _

TODAY'S
GRATITUDE AND GOALS

DATE

WHAT ARE YOU GRATEFUL FOR TODAY?

1. _____
2. _____
3. _____

TODAY'S PERSONAL GOALS

1. _____
2. _____
3. _____

TODAY'S EQUESTRIAN GOALS

1. _____
2. _____
3. _____

TODAY I WILL FOCUS ON

1. _____
2. _____
3. _____

ACTIONS I WILL TAKE

TODAY'S AFFIRMATION:

TODAY'S
GRATITUDE AND GOALS

DATE

WHAT ARE YOU GRATEFUL FOR TODAY?

1. _____
2. _____
3. _____

TODAY'S PERSONAL GOALS

1. _____
2. _____
3. _____

TODAY'S EQUESTRIAN GOALS

1. _____
2. _____
3. _____

TODAY I WILL FOCUS ON

1. _____
2. _____
3. _____

ACTIONS I WILL TAKE

TODAY'S AFFIRMATION:

TODAY'S
GRATITUDE AND GOALS

DATE

WHAT ARE YOU GRATEFUL FOR TODAY?

1. _____
2. _____
3. _____

TODAY'S PERSONAL GOALS

1. _____
2. _____
3. _____

TODAY'S EQUESTRIAN GOALS

1. _____
2. _____
3. _____

TODAY I WILL FOCUS ON

1. _____
2. _____
3. _____

ACTIONS I WILL TAKE

TODAY'S AFFIRMATION:

TODAY'S
GRATITUDE AND GOALS

DATE

WHAT ARE YOU GRATEFUL FOR TODAY?

1. _____
2. _____
3. _____

TODAY'S PERSONAL GOALS

1. _____
2. _____
3. _____

TODAY'S EQUESTRIAN GOALS

1. _____
2. _____
3. _____

TODAY I WILL FOCUS ON

1. _____
2. _____
3. _____

ACTIONS I WILL TAKE

TODAY'S AFFIRMATION:

TODAY'S
GRATITUDE AND GOALS

WHAT ARE YOU GRATEFUL FOR TODAY?

1. _____
2. _____
3. _____

TODAY'S PERSONAL GOALS

1. _____
2. _____
3. _____

TODAY'S EQUESTRIAN GOALS

1. _____
2. _____
3. _____

TODAY I WILL FOCUS ON

1. _____
2. _____
3. _____

ACTIONS I WILL TAKE

TODAY'S AFFIRMATION:

TODAY'S
GRATITUDE AND GOALS

DATE

1. _____
2. _____
3. _____

TODAY'S PERSONAL GOALS

ACTIONS I WILL TAKE

1. _____
2. _____
3. _____

TODAY'S EQUESTRIAN GOALS

1. _____
2. _____
3. _____

TODAY I WILL FOCUS ON

1. _____
2. _____
3. _____

TODAY'S AFFIRMATION:

TODAY'S
GRATITUDE AND GOALS

DATE

WHAT ARE YOU GRATEFUL FOR TODAY?

1. _____
2. _____
3. _____

TODAY'S PERSONAL GOALS

1. _____
2. _____
3. _____

ACTIONS I WILL TAKE

TODAY'S EQUESTRIAN GOALS

1. _____
2. _____
3. _____

TODAY I WILL FOCUS ON

1. _____
2. _____
3. _____

TODAY'S AFFIRMATION:

WEEKLY CHECK-IN

*"Feeling gratitude and not expressing it is like wrapping a
present and not giving it." - William Arthur Ward*

HOW HAVE YOU BEEN AT ACCOMPLISHING YOUR GOALS THIS PAST WEEK?

1   2   3   4   5   6   7   8   9   10

WHAT WERE THE "HIGHS" AND "LOWS" OF THIS PAST WEEK?

HIGHS

LOWS

WHAT LESSONS DID YOU LEARN FROM THE "LOWS" OF THIS PAST WEEK?

TODAY'S
GRATITUDE AND GOALS

DATE

WHAT ARE YOU GRATEFUL FOR TODAY?

1. _____
2. _____
3. _____

TODAY'S PERSONAL GOALS

1. _____
2. _____
3. _____

ACTIONS I WILL TAKE

TODAY'S EQUESTRIAN GOALS

1. _____
2. _____
3. _____

TODAY I WILL FOCUS ON

1. _____
2. _____
3. _____

TODAY'S AFFIRMATION:

TODAY'S

GRATITUDE AND GOALS

DATE

WHAT ARE YOU GRATEFUL FOR TODAY?

1. _____
2. _____
3. _____

TODAY'S PERSONAL GOALS

1. _____
2. _____
3. _____

TODAY'S EQUESTRIAN GOALS

1. _____
2. _____
3. _____

TODAY I WILL FOCUS ON

1. _____
2. _____
3. _____

ACTIONS I WILL TAKE

TODAY'S AFFIRMATION:

TODAY'S
GRATITUDE AND GOALS

DATE

WHAT ARE YOU GRATEFUL FOR TODAY?

1. _____
2. _____
3. _____

TODAY'S PERSONAL GOALS

1. _____
2. _____
3. _____

TODAY'S EQUESTRIAN GOALS

1. _____
2. _____
3. _____

TODAY I WILL FOCUS ON

1. _____
2. _____
3. _____

ACTIONS I WILL TAKE

TODAY'S AFFIRMATION:

TODAY'S

GRATITUDE AND GOALS

DATE

WHAT ARE YOU GRATEFUL FOR TODAY?

1. _____
2. _____
3. _____

TODAY'S PERSONAL GOALS

1. _____
2. _____
3. _____

TODAY'S EQUESTRIAN GOALS

1. _____
2. _____
3. _____

TODAY I WILL FOCUS ON

1. _____
2. _____
3. _____

ACTIONS I WILL TAKE

TODAY'S AFFIRMATION:

TODAY'S
GRATITUDE AND GOALS

DATE

WHAT ARE YOU GRATEFUL FOR TODAY?

1. _____
2. _____
3. _____

TODAY'S PERSONAL GOALS

1. _____
2. _____
3. _____

TODAY'S EQUESTRIAN GOALS

1. _____
2. _____
3. _____

TODAY I WILL FOCUS ON

1. _____
2. _____
3. _____

ACTIONS I WILL TAKE

TODAY'S AFFIRMATION:

TODAY'S
GRATITUDE AND GOALS

DATE

WHAT ARE YOU GRATEFUL FOR TODAY?

1. _____
2. _____
3. _____

TODAY'S PERSONAL GOALS

1. _____
2. _____
3. _____

ACTIONS I WILL TAKE

TODAY'S EQUESTRIAN GOALS

1. _____
2. _____
3. _____

TODAY I WILL FOCUS ON

1. _____
2. _____
3. _____

TODAY'S AFFIRMATION:

TODAY'S
GRATITUDE AND GOALS

DATE

WHAT ARE YOU GRATEFUL FOR TODAY?

1. _____
2. _____
3. _____

TODAY'S PERSONAL GOALS

1. _____
2. _____
3. _____

TODAY'S EQUESTRIAN GOALS

1. _____
2. _____
3. _____

TODAY I WILL FOCUS ON

1. _____
2. _____
3. _____

ACTIONS I WILL TAKE

TODAY'S AFFIRMATION:

WEEKLY CHECK-IN

"Feeling gratitude and not expressing it is like wrapping a present and not giving it." - William Arthur Ward

HOW HAVE YOU BEEN AT ACCOMPLISHING YOUR GOALS THIS PAST WEEK?

1   2   3   4   5   6   7   8   9   10

WHAT WERE THE "HIGHS" AND "LOWS" OF THIS PAST WEEK?

HIGHS   LOWS

_ _ _ _ _ _ _ _ _ _ _ _ _ _ _   _ _ _ _ _ _ _ _ _ _ _ _ _ _ _
_ _ _ _ _ _ _ _ _ _ _ _ _ _ _   _ _ _ _ _ _ _ _ _ _ _ _ _ _ _
_ _ _ _ _ _ _ _ _ _ _ _ _ _ _   _ _ _ _ _ _ _ _ _ _ _ _ _ _ _
_ _ _ _ _ _ _ _ _ _ _ _ _ _ _   _ _ _ _ _ _ _ _ _ _ _ _ _ _ _
_ _ _ _ _ _ _ _ _ _ _ _ _ _ _   _ _ _ _ _ _ _ _ _ _ _ _ _ _ _
_ _ _ _ _ _ _ _ _ _ _ _ _ _ _   _ _ _ _ _ _ _ _ _ _ _ _ _ _ _
_ _ _ _ _ _ _ _ _ _ _ _ _ _ _   _ _ _ _ _ _ _ _ _ _ _ _ _ _ _
_ _ _ _ _ _ _ _ _ _ _ _ _ _ _   _ _ _ _ _ _ _ _ _ _ _ _ _ _ _

WHAT LESSONS DID YOU LEARN FROM THE "LOWS" OF THIS PAST WEEK?

_ _
_ _
_ _

TODAY'S
GRATITUDE AND GOALS

DATE

WHAT ARE YOU GRATEFUL FOR TODAY?

1. _____
2. _____
3. _____

TODAY'S PERSONAL GOALS

1. _____
2. _____
3. _____

ACTIONS I WILL TAKE

TODAY'S EQUESTRIAN GOALS

1. _____
2. _____
3. _____

TODAY I WILL FOCUS ON

1. _____
2. _____
3. _____

TODAY'S AFFIRMATION:

TODAY'S
GRATITUDE AND GOALS

WHAT ARE YOU GRATEFUL FOR TODAY?

1. _____
2. _____
3. _____

TODAY'S PERSONAL GOALS

1. _____
2. _____
3. _____

TODAY'S EQUESTRIAN GOALS

1. _____
2. _____
3. _____

TODAY I WILL FOCUS ON

1. _____
2. _____
3. _____

ACTIONS I WILL TAKE

TODAY'S AFFIRMATION:

TODAY'S
GRATITUDE AND GOALS

DATE

WHAT ARE YOU GRATEFUL FOR TODAY?

1. _____
2. _____
3. _____

TODAY'S PERSONAL GOALS

ACTIONS I WILL TAKE

1. _____
2. _____
3. _____

TODAY'S EQUESTRIAN GOALS

1. _____
2. _____
3. _____

TODAY I WILL FOCUS ON

1. _____
2. _____
3. _____

TODAY'S AFFIRMATION:

TODAY'S
GRATITUDE AND GOALS

DATE

WHAT ARE YOU GRATEFUL FOR TODAY?

1. _____
2. _____
3. _____

TODAY'S PERSONAL GOALS

1. _____
2. _____
3. _____

TODAY'S EQUESTRIAN GOALS

1. _____
2. _____
3. _____

TODAY I WILL FOCUS ON

1. _____
2. _____
3. _____

ACTIONS I WILL TAKE

TODAY'S AFFIRMATION:

TODAY'S
GRATITUDE AND GOALS

DATE

WHAT ARE YOU GRATEFUL FOR TODAY?

1. _____
2. _____
3. _____

TODAY'S PERSONAL GOALS

ACTIONS I WILL TAKE

1. _____
2. _____
3. _____

TODAY'S EQUESTRIAN GOALS

1. _____
2. _____
3. _____

TODAY I WILL FOCUS ON

1. _____
2. _____
3. _____

TODAY'S AFFIRMATION:

TODAY'S
GRATITUDE AND GOALS

DATE

WHAT ARE YOU GRATEFUL FOR TODAY?

1. _____
2. _____
3. _____

TODAY'S PERSONAL GOALS

1. _____
2. _____
3. _____

TODAY'S EQUESTRIAN GOALS

1. _____
2. _____
3. _____

TODAY I WILL FOCUS ON

1. _____
2. _____
3. _____

ACTIONS I WILL TAKE

TODAY'S AFFIRMATION:

TODAY'S
GRATITUDE AND GOALS

DATE

WHAT ARE YOU GRATEFUL FOR TODAY?

1. _____
2. _____
3. _____

TODAY'S PERSONAL GOALS

1. _____
2. _____
3. _____

ACTIONS I WILL TAKE

TODAY'S EQUESTRIAN GOALS

1. _____
2. _____
3. _____

TODAY I WILL FOCUS ON

1. _____
2. _____
3. _____

TODAY'S AFFIRMATION:

WEEKLY CHECK-IN

*"Feeling gratitude and not expressing it is like wrapping a
present and not giving it." - William Arthur Ward*

HOW HAVE YOU BEEN AT ACCOMPLISHING YOUR GOALS THIS PAST WEEK?

1   2   3   4   5   6   7   8   9   10

WHAT WERE THE "HIGHS" AND "LOWS" OF THIS PAST WEEK?

HIGHS   LOWS

_ _ _ _ _ _ _ _ _ _ _ _ _ _ _   _ _ _ _ _ _ _ _ _ _ _ _ _ _ _
_ _ _ _ _ _ _ _ _ _ _ _ _ _ _   _ _ _ _ _ _ _ _ _ _ _ _ _ _ _
_ _ _ _ _ _ _ _ _ _ _ _ _ _ _   _ _ _ _ _ _ _ _ _ _ _ _ _ _ _
_ _ _ _ _ _ _ _ _ _ _ _ _ _ _   _ _ _ _ _ _ _ _ _ _ _ _ _ _ _
_ _ _ _ _ _ _ _ _ _ _ _ _ _ _   _ _ _ _ _ _ _ _ _ _ _ _ _ _ _
_ _ _ _ _ _ _ _ _ _ _ _ _ _ _   _ _ _ _ _ _ _ _ _ _ _ _ _ _ _
_ _ _ _ _ _ _ _ _ _ _ _ _ _ _   _ _ _ _ _ _ _ _ _ _ _ _ _ _ _
_ _ _ _ _ _ _ _ _ _ _ _ _ _ _   _ _ _ _ _ _ _ _ _ _ _ _ _ _ _
_ _ _ _ _ _ _ _ _ _ _ _ _ _ _   _ _ _ _ _ _ _ _ _ _ _ _ _ _ _

WHAT LESSONS DID YOU LEARN FROM THE "LOWS" OF THIS PAST WEEK?

_ _
_ _
_ _

TODAY'S
GRATITUDE AND GOALS

DATE

WHAT ARE YOU GRATEFUL FOR TODAY?

1. _____
2. _____
3. _____

TODAY'S PERSONAL GOALS

1. _____
2. _____
3. _____

ACTIONS I WILL TAKE

TODAY'S EQUESTRIAN GOALS

1. _____
2. _____
3. _____

TODAY I WILL FOCUS ON

1. _____
2. _____
3. _____

TODAY'S AFFIRMATION:

TODAY'S
GRATITUDE AND GOALS

DATE

WHAT ARE YOU GRATEFUL FOR TODAY?

1. _____
2. _____
3. _____

TODAY'S PERSONAL GOALS

1. _____
2. _____
3. _____

TODAY'S EQUESTRIAN GOALS

1. _____
2. _____
3. _____

TODAY I WILL FOCUS ON

1. _____
2. _____
3. _____

ACTIONS I WILL TAKE

TODAY'S AFFIRMATION:

TODAY'S
GRATITUDE AND GOALS

DATE

WHAT ARE YOU GRATEFUL FOR TODAY?

1. _____
2. _____
3. _____

TODAY'S PERSONAL GOALS

ACTIONS I WILL TAKE

1. _____
2. _____
3. _____

TODAY'S EQUESTRIAN GOALS

1. _____
2. _____
3. _____

TODAY I WILL FOCUS ON

1. _____
2. _____
3. _____

TODAY'S AFFIRMATION:

TODAY'S
GRATITUDE AND GOALS

DATE

WHAT ARE YOU GRATEFUL FOR TODAY?

1. _____
2. _____
3. _____

TODAY'S PERSONAL GOALS

1. _____
2. _____
3. _____

TODAY'S EQUESTRIAN GOALS

1. _____
2. _____
3. _____

TODAY I WILL FOCUS ON

1. _____
2. _____
3. _____

ACTIONS I WILL TAKE

TODAY'S AFFIRMATION:

TODAY'S
GRATITUDE AND GOALS

DATE

WHAT ARE YOU GRATEFUL FOR TODAY?

1. _____
2. _____
3. _____

TODAY'S PERSONAL GOALS

1. _____
2. _____
3. _____

ACTIONS I WILL TAKE

TODAY'S EQUESTRIAN GOALS

1. _____
2. _____
3. _____

TODAY I WILL FOCUS ON

1. _____
2. _____
3. _____

TODAY'S AFFIRMATION:

TODAY'S
GRATITUDE AND GOALS

DATE

1. _____
2. _____
3. _____

TODAY'S PERSONAL GOALS

1. _____
2. _____
3. _____

ACTIONS I WILL TAKE

TODAY'S EQUESTRIAN GOALS

1. _____
2. _____
3. _____

TODAY I WILL FOCUS ON

1. _____
2. _____
3. _____

TODAY'S AFFIRMATION:

TODAY'S
GRATITUDE AND GOALS

DATE

WHAT ARE YOU GRATEFUL FOR TODAY?

1. _____
2. _____
3. _____

TODAY'S PERSONAL GOALS

1. _____
2. _____
3. _____

TODAY'S EQUESTRIAN GOALS

1. _____
2. _____
3. _____

TODAY I WILL FOCUS ON

1. _____
2. _____
3. _____

ACTIONS I WILL TAKE

TODAY'S AFFIRMATION:

WEEKLY CHECK-IN

"Feeling gratitude and not expressing it is like wrapping a present and not giving it." - William Arthur Ward

HOW HAVE YOU BEEN AT ACCOMPLISHING YOUR GOALS THIS PAST WEEK?

1   2   3   4   5   6   7   8   9   10

WHAT WERE THE "HIGHS" AND "LOWS" OF THIS PAST WEEK?

HIGHS   LOWS

_ _ _ _ _ _ _ _ _ _ _ _ _ _ _   _ _ _ _ _ _ _ _ _ _ _ _ _ _ _
_ _ _ _ _ _ _ _ _ _ _ _ _ _ _   _ _ _ _ _ _ _ _ _ _ _ _ _ _ _
_ _ _ _ _ _ _ _ _ _ _ _ _ _ _   _ _ _ _ _ _ _ _ _ _ _ _ _ _ _
_ _ _ _ _ _ _ _ _ _ _ _ _ _ _   _ _ _ _ _ _ _ _ _ _ _ _ _ _ _
_ _ _ _ _ _ _ _ _ _ _ _ _ _ _   _ _ _ _ _ _ _ _ _ _ _ _ _ _ _
_ _ _ _ _ _ _ _ _ _ _ _ _ _ _   _ _ _ _ _ _ _ _ _ _ _ _ _ _ _
_ _ _ _ _ _ _ _ _ _ _ _ _ _ _   _ _ _ _ _ _ _ _ _ _ _ _ _ _ _
_ _ _ _ _ _ _ _ _ _ _ _ _ _ _   _ _ _ _ _ _ _ _ _ _ _ _ _ _ _
_ _ _ _ _ _ _ _ _ _ _ _ _ _ _   _ _ _ _ _ _ _ _ _ _ _ _ _ _ _

WHAT LESSONS DID YOU LEARN FROM THE "LOWS" OF THIS PAST WEEK?

_ _
_ _
_ _

TODAY'S
GRATITUDE AND GOALS

DATE

WHAT ARE YOU GRATEFUL FOR TODAY?

1. _____
2. _____
3. _____

TODAY'S PERSONAL GOALS

1. _____
2. _____
3. _____

ACTIONS I WILL TAKE

TODAY'S EQUESTRIAN GOALS

1. _____
2. _____
3. _____

TODAY I WILL FOCUS ON

1. _____
2. _____
3. _____

TODAY'S AFFIRMATION:

TODAY'S
GRATITUDE AND GOALS

DATE

WHAT ARE YOU GRATEFUL FOR TODAY?

1. _____
2. _____
3. _____

TODAY'S PERSONAL GOALS

1. _____
2. _____
3. _____

TODAY'S EQUESTRIAN GOALS

1. _____
2. _____
3. _____

TODAY I WILL FOCUS ON

1. _____
2. _____
3. _____

ACTIONS I WILL TAKE

TODAY'S AFFIRMATION:

TODAY'S
GRATITUDE AND GOALS

DATE

WHAT ARE YOU GRATEFUL FOR TODAY?

1. _____
2. _____
3. _____

TODAY'S PERSONAL GOALS

1. _____
2. _____
3. _____

ACTIONS I WILL TAKE

TODAY'S EQUESTRIAN GOALS

1. _____
2. _____
3. _____

TODAY I WILL FOCUS ON

1. _____
2. _____
3. _____

TODAY'S AFFIRMATION:

TODAY'S
GRATITUDE AND GOALS

DATE

WHAT ARE YOU GRATEFUL FOR TODAY?

1. _____
2. _____
3. _____

TODAY'S PERSONAL GOALS

1. _____
2. _____
3. _____

TODAY'S EQUESTRIAN GOALS

1. _____
2. _____
3. _____

TODAY I WILL FOCUS ON

1. _____
2. _____
3. _____

ACTIONS I WILL TAKE

TODAY'S AFFIRMATION:

TODAY'S
GRATITUDE AND GOALS

DATE

WHAT ARE YOU GRATEFUL FOR TODAY?

1. _____
2. _____
3. _____

TODAY'S PERSONAL GOALS

ACTIONS I WILL TAKE

1. _____
2. _____
3. _____

TODAY'S EQUESTRIAN GOALS

1. _____
2. _____
3. _____

TODAY I WILL FOCUS ON

1. _____
2. _____
3. _____

TODAY'S AFFIRMATION:

TODAY'S

GRATITUDE AND GOALS

DATE

WHAT ARE YOU GRATEFUL FOR TODAY?

1. _____
2. _____
3. _____

TODAY'S PERSONAL GOALS

1. _____
2. _____
3. _____

TODAY'S EQUESTRIAN GOALS

1. _____
2. _____
3. _____

TODAY I WILL FOCUS ON

1. _____
2. _____
3. _____

ACTIONS I WILL TAKE

TODAY'S AFFIRMATION:

TODAY'S
GRATITUDE AND GOALS

WHAT ARE YOU GRATEFUL FOR TODAY?

1. _____
2. _____
3. _____

TODAY'S PERSONAL GOALS

ACTIONS I WILL TAKE

1. _____
2. _____
3. _____

TODAY'S EQUESTRIAN GOALS

1. _____
2. _____
3. _____

TODAY I WILL FOCUS ON

1. _____
2. _____
3. _____

TODAY'S AFFIRMATION:

WEEKLY CHECK-IN

"Feeling gratitude and not expressing it is like wrapping a present and not giving it." - William Arthur Ward

HOW HAVE YOU BEEN AT ACCOMPLISHING YOUR GOALS THIS PAST WEEK?

1   2   3   4   5   6   7   8   9   10

WHAT WERE THE "HIGHS" AND "LOWS" OF THIS PAST WEEK?

HIGHS   LOWS

_____   _____
_____   _____
_____   _____
_____   _____
_____   _____
_____   _____
_____   _____
_____   _____
_____   _____

WHAT LESSONS DID YOU LEARN FROM THE "LOWS" OF THIS PAST WEEK?

_____
_____
_____

TODAY'S

GRATITUDE AND GOALS

DATE

WHAT ARE YOU GRATEFUL FOR TODAY?

1. _____
2. _____
3. _____

TODAY'S PERSONAL GOALS

1. _____
2. _____
3. _____

TODAY'S EQUESTRIAN GOALS

1. _____
2. _____
3. _____

TODAY I WILL FOCUS ON

1. _____
2. _____
3. _____

TODAY'S AFFIRMATION:

ACTIONS I WILL TAKE

TODAY'S
GRATITUDE AND GOALS

WHAT ARE YOU GRATEFUL FOR TODAY?

1. _____
2. _____
3. _____

TODAY'S PERSONAL GOALS

1. _____
2. _____
3. _____

TODAY'S EQUESTRIAN GOALS

1. _____
2. _____
3. _____

TODAY I WILL FOCUS ON

1. _____
2. _____
3. _____

ACTIONS I WILL TAKE

TODAY'S AFFIRMATION:

TODAY'S
GRATITUDE AND GOALS

DATE

WHAT ARE YOU GRATEFUL FOR TODAY?

1. _____
2. _____
3. _____

TODAY'S PERSONAL GOALS

ACTIONS I WILL TAKE

1. _____
2. _____
3. _____

TODAY'S EQUESTRIAN GOALS

1. _____
2. _____
3. _____

TODAY I WILL FOCUS ON

1. _____
2. _____
3. _____

TODAY'S AFFIRMATION:

TODAY'S
GRATITUDE AND GOALS

DATE

WHAT ARE YOU GRATEFUL FOR TODAY?

1. _____
2. _____
3. _____

TODAY'S PERSONAL GOALS

1. _____
2. _____
3. _____

TODAY'S EQUESTRIAN GOALS

1. _____
2. _____
3. _____

TODAY I WILL FOCUS ON

1. _____
2. _____
3. _____

ACTIONS I WILL TAKE

TODAY'S AFFIRMATION:

TODAY'S
GRATITUDE AND GOALS

DATE

WHAT ARE YOU GRATEFUL FOR TODAY?

1. _____
2. _____
3. _____

TODAY'S PERSONAL GOALS

ACTIONS I WILL TAKE

1. _____
2. _____
3. _____

TODAY'S EQUESTRIAN GOALS

1. _____
2. _____
3. _____

TODAY I WILL FOCUS ON

1. _____
2. _____
3. _____

TODAY'S AFFIRMATION:

TODAY'S
GRATITUDE AND GOALS

DATE

WHAT ARE YOU GRATEFUL FOR TODAY?

1. _____
2. _____
3. _____

TODAY'S PERSONAL GOALS

1. _____
2. _____
3. _____

TODAY'S EQUESTRIAN GOALS

1. _____
2. _____
3. _____

TODAY I WILL FOCUS ON

1. _____
2. _____
3. _____

ACTIONS I WILL TAKE

TODAY'S AFFIRMATION:

TODAY'S
GRATITUDE AND GOALS

WHAT ARE YOU GRATEFUL FOR TODAY?

1. _____
2. _____
3. _____

TODAY'S PERSONAL GOALS

ACTIONS I WILL TAKE

1. _____
2. _____
3. _____

TODAY'S EQUESTRIAN GOALS

1. _____
2. _____
3. _____

TODAY I WILL FOCUS ON

1. _____
2. _____
3. _____

TODAY'S AFFIRMATION:

WEEKLY CHECK-IN

*"Feeling gratitude and not expressing it is like wrapping a
present and not giving it." - William Arthur Ward*

HOW HAVE YOU BEEN AT ACCOMPLISHING YOUR GOALS THIS PAST WEEK?

1   2   3   4   5   6   7   8   9   10

WHAT WERE THE "HIGHS" AND "LOWS" OF THIS PAST WEEK?

HIGHS   LOWS

_ _ _ _ _ _ _ _ _ _ _ _ _ _ _   _ _ _ _ _ _ _ _ _ _ _ _ _ _ _
_ _ _ _ _ _ _ _ _ _ _ _ _ _ _   _ _ _ _ _ _ _ _ _ _ _ _ _ _ _
_ _ _ _ _ _ _ _ _ _ _ _ _ _ _   _ _ _ _ _ _ _ _ _ _ _ _ _ _ _
_ _ _ _ _ _ _ _ _ _ _ _ _ _ _   _ _ _ _ _ _ _ _ _ _ _ _ _ _ _
_ _ _ _ _ _ _ _ _ _ _ _ _ _ _   _ _ _ _ _ _ _ _ _ _ _ _ _ _ _
_ _ _ _ _ _ _ _ _ _ _ _ _ _ _   _ _ _ _ _ _ _ _ _ _ _ _ _ _ _
_ _ _ _ _ _ _ _ _ _ _ _ _ _ _   _ _ _ _ _ _ _ _ _ _ _ _ _ _ _
_ _ _ _ _ _ _ _ _ _ _ _ _ _ _   _ _ _ _ _ _ _ _ _ _ _ _ _ _ _
_ _ _ _ _ _ _ _ _ _ _ _ _ _ _   _ _ _ _ _ _ _ _ _ _ _ _ _ _ _

WHAT LESSONS DID YOU LEARN FROM THE "LOWS" OF THIS PAST WEEK?

_ _
_ _
_ _

TODAY'S
GRATITUDE AND GOALS

DATE

WHAT ARE YOU GRATEFUL FOR TODAY?

1. _____
2. _____
3. _____

TODAY'S PERSONAL GOALS

ACTIONS I WILL TAKE

1. _____
2. _____
3. _____

TODAY'S EQUESTRIAN GOALS

1. _____
2. _____
3. _____

TODAY I WILL FOCUS ON

1. _____
2. _____
3. _____

TODAY'S AFFIRMATION:

TODAY'S
GRATITUDE AND GOALS

DATE

WHAT ARE YOU GRATEFUL FOR TODAY?

1. _____
2. _____
3. _____

TODAY'S PERSONAL GOALS

1. _____
2. _____
3. _____

TODAY'S EQUESTRIAN GOALS

1. _____
2. _____
3. _____

TODAY I WILL FOCUS ON

1. _____
2. _____
3. _____

ACTIONS I WILL TAKE

TODAY'S AFFIRMATION:

TODAY'S
GRATITUDE AND GOALS

DATE

WHAT ARE YOU GRATEFUL FOR TODAY?

1. _____
2. _____
3. _____

TODAY'S PERSONAL GOALS

ACTIONS I WILL TAKE

1. _____
2. _____
3. _____

TODAY'S EQUESTRIAN GOALS

1. _____
2. _____
3. _____

TODAY I WILL FOCUS ON

1. _____
2. _____
3. _____

TODAY'S AFFIRMATION:

TODAY'S
GRATITUDE AND GOALS

DATE

WHAT ARE YOU GRATEFUL FOR TODAY?

1. _____
2. _____
3. _____

TODAY'S PERSONAL GOALS

1. _____
2. _____
3. _____

TODAY'S EQUESTRIAN GOALS

1. _____
2. _____
3. _____

TODAY I WILL FOCUS ON

1. _____
2. _____
3. _____

ACTIONS I WILL TAKE

TODAY'S AFFIRMATION:

TODAY'S

GRATITUDE AND GOALS

DATE

WHAT ARE YOU GRATEFUL FOR TODAY?

1. _____
2. _____
3. _____

TODAY'S PERSONAL GOALS

1. _____
2. _____
3. _____

ACTIONS I WILL TAKE

TODAY'S EQUESTRIAN GOALS

1. _____
2. _____
3. _____

TODAY I WILL FOCUS ON

1. _____
2. _____
3. _____

TODAY'S AFFIRMATION:

TODAY'S
-GRATITUDE AND GOALS

DATE

WHAT ARE YOU GRATEFUL FOR TODAY?

1. _____
2. _____
3. _____

TODAY'S PERSONAL GOALS

1. _____
2. _____
3. _____

TODAY'S EQUESTRIAN GOALS

1. _____
2. _____
3. _____

TODAY I WILL FOCUS ON

1. _____
2. _____
3. _____

ACTIONS I WILL TAKE

TODAY'S AFFIRMATION:

TODAY'S

GRATITUDE AND GOALS

DATE

WHAT ARE YOU GRATEFUL FOR TODAY?

1. _____
2. _____
3. _____

TODAY'S PERSONAL GOALS

1. _____
2. _____
3. _____

TODAY'S EQUESTRIAN GOALS

1. _____
2. _____
3. _____

TODAY I WILL FOCUS ON

1. _____
2. _____
3. _____

ACTIONS I WILL TAKE

TODAY'S AFFIRMATION:

WEEKLY CHECK-IN

*"Feeling gratitude and not expressing it is like wrapping a
present and not giving it." - William Arthur Ward*

1   2   3   4   5   6   7   8   9   10

HIGHS   LOWS

_____   _____
_____   _____
_____   _____
_____   _____
_____   _____
_____   _____
_____   _____
_____   _____
_____   _____

_____
_____
_____

TODAY'S

GRATITUDE AND GOALS

DATE

WHAT ARE YOU GRATEFUL FOR TODAY?

1. _____
2. _____
3. _____

TODAY'S PERSONAL GOALS

ACTIONS I WILL TAKE

1. _____
2. _____
3. _____

TODAY'S EQUESTRIAN GOALS

1. _____
2. _____
3. _____

TODAY I WILL FOCUS ON

1. _____
2. _____
3. _____

TODAY'S AFFIRMATION:

TODAY'S
GRATITUDE AND GOALS

DATE

WHAT ARE YOU GRATEFUL FOR TODAY?

1. _____
2. _____
3. _____

TODAY'S PERSONAL GOALS

1. _____
2. _____
3. _____

TODAY'S EQUESTRIAN GOALS

1. _____
2. _____
3. _____

TODAY I WILL FOCUS ON

1. _____
2. _____
3. _____

ACTIONS I WILL TAKE

TODAY'S AFFIRMATION:

TODAY'S

GRATITUDE AND GOALS

DATE

WHAT ARE YOU GRATEFUL FOR TODAY?

1. _____
2. _____
3. _____

TODAY'S PERSONAL GOALS

1. _____
2. _____
3. _____

ACTIONS I WILL TAKE

TODAY'S EQUESTRIAN GOALS

1. _____
2. _____
3. _____

TODAY I WILL FOCUS ON

1. _____
2. _____
3. _____

TODAY'S AFFIRMATION:

TODAY'S
GRATITUDE AND GOALS

DATE

WHAT ARE YOU GRATEFUL FOR TODAY?

1. _____
2. _____
3. _____

TODAY'S PERSONAL GOALS

1. _____
2. _____
3. _____

TODAY'S EQUESTRIAN GOALS

1. _____
2. _____
3. _____

TODAY I WILL FOCUS ON

1. _____
2. _____
3. _____

ACTIONS I WILL TAKE

TODAY'S AFFIRMATION:

TODAY'S
GRATITUDE AND GOALS

DATE

WHAT ARE YOU GRATEFUL FOR TODAY?

1. _____
2. _____
3. _____

TODAY'S PERSONAL GOALS

1. _____
2. _____
3. _____

ACTIONS I WILL TAKE

TODAY'S EQUESTRIAN GOALS

1. _____
2. _____
3. _____

TODAY I WILL FOCUS ON

1. _____
2. _____
3. _____

TODAY'S AFFIRMATION:

TODAY'S
GRATITUDE AND GOALS

DATE

WHAT ARE YOU GRATEFUL FOR TODAY?

1. _____
2. _____
3. _____

TODAY'S PERSONAL GOALS

1. _____
2. _____
3. _____

TODAY'S EQUESTRIAN GOALS

1. _____
2. _____
3. _____

TODAY I WILL FOCUS ON

1. _____
2. _____
3. _____

ACTIONS I WILL TAKE

TODAY'S AFFIRMATION:

TODAY'S

GRATITUDE AND GOALS

DATE

WHAT ARE YOU GRATEFUL FOR TODAY?

1. _____
2. _____
3. _____

TODAY'S PERSONAL GOALS

ACTIONS I WILL TAKE

1. _____
2. _____
3. _____

TODAY'S EQUESTRIAN GOALS

1. _____
2. _____
3. _____

TODAY I WILL FOCUS ON

1. _____
2. _____
3. _____

TODAY'S AFFIRMATION:

WEEKLY CHECK-IN

*"Feeling gratitude and not expressing it is like wrapping a
present and not giving it." - William Arthur Ward*

HOW HAVE YOU BEEN AT ACCOMPLISHING YOUR GOALS THIS PAST WEEK?

1   2   3   4   5   6   7   8   9   10

WHAT WERE THE "HIGHS" AND "LOWS" OF THIS PAST WEEK?

HIGHS   LOWS

-----------------   -----------------
-----------------   -----------------
-----------------   -----------------
-----------------   -----------------
-----------------   -----------------
-----------------   -----------------
-----------------   -----------------
-----------------   -----------------
-----------------   -----------------

WHAT LESSONS DID YOU LEARN FROM THE "LOWS" OF THIS PAST WEEK?

TODAY'S
GRATITUDE AND GOALS

DATE

WHAT ARE YOU GRATEFUL FOR TODAY?

1. _____
2. _____
3. _____

TODAY'S PERSONAL GOALS

1. _____
2. _____
3. _____

ACTIONS I WILL TAKE

TODAY'S EQUESTRIAN GOALS

1. _____
2. _____
3. _____

TODAY I WILL FOCUS ON

1. _____
2. _____
3. _____

TODAY'S AFFIRMATION:

TODAY'S
GRATITUDE AND GOALS

DATE

WHAT ARE YOU GRATEFUL FOR TODAY?

1. _____
2. _____
3. _____

TODAY'S PERSONAL GOALS

1. _____
2. _____
3. _____

TODAY'S EQUESTRIAN GOALS

1. _____
2. _____
3. _____

TODAY I WILL FOCUS ON

1. _____
2. _____
3. _____

ACTIONS I WILL TAKE

TODAY'S AFFIRMATION:

TODAY'S
GRATITUDE AND GOALS

DATE

1. _____
2. _____
3. _____

TODAY'S PERSONAL GOALS

1. _____
2. _____
3. _____

TODAY'S EQUESTRIAN GOALS

1. _____
2. _____
3. _____

TODAY I WILL FOCUS ON

1. _____
2. _____
3. _____

ACTIONS I WILL TAKE

TODAY'S AFFIRMATION:

TODAY'S
GRATITUDE AND GOALS

DATE

WHAT ARE YOU GRATEFUL FOR TODAY?

1. _____
2. _____
3. _____

TODAY'S PERSONAL GOALS

1. _____
2. _____
3. _____

TODAY'S EQUESTRIAN GOALS

1. _____
2. _____
3. _____

TODAY I WILL FOCUS ON

1. _____
2. _____
3. _____

ACTIONS I WILL TAKE

TODAY'S AFFIRMATION:

TODAY'S
GRATITUDE AND GOALS

DATE

WHAT ARE YOU GRATEFUL FOR TODAY?

1. _____
2. _____
3. _____

TODAY'S PERSONAL GOALS

1. _____
2. _____
3. _____

TODAY'S EQUESTRIAN GOALS

1. _____
2. _____
3. _____

TODAY I WILL FOCUS ON

1. _____
2. _____
3. _____

ACTIONS I WILL TAKE

TODAY'S AFFIRMATION:

TODAY'S
GRATITUDE AND GOALS

DATE

WHAT ARE YOU GRATEFUL FOR TODAY?

1. _____
2. _____
3. _____

TODAY'S PERSONAL GOALS

1. _____
2. _____
3. _____

TODAY'S EQUESTRIAN GOALS

1. _____
2. _____
3. _____

TODAY I WILL FOCUS ON

1. _____
2. _____
3. _____

ACTIONS I WILL TAKE

TODAY'S AFFIRMATION:

TODAY'S

GRATITUDE AND GOALS

DATE

WHAT ARE YOU GRATEFUL FOR TODAY?

1. _____
2. _____
3. _____

TODAY'S PERSONAL GOALS

1. _____
2. _____
3. _____

ACTIONS I WILL TAKE

TODAY'S EQUESTRIAN GOALS

1. _____
2. _____
3. _____

TODAY I WILL FOCUS ON

1. _____
2. _____
3. _____

TODAY'S AFFIRMATION:

END OF JOURNAL
REFLECTION

1. _____
2. _____
3. _____

WHAT ARE YOU MOST PROUD OF ACCOMPLISHING IN THE PAST 100 DAYS?

1. _____
2. _____
3. _____

IN WHAT WAYS DID SEE YOUR LIFE, MINDSET, AND ATTITUDE CHANGE
SINCE YOU STARTED THIS GRATITUDE JOURNAL?

_____
_____
_____
_____
_____
_____
_____
_____

Printed in Poland
by Amazon Fulfillment
Poland Sp. z o.o., Wrocław

50303657R00065